l'école - мактаб	2
le voyage - саёҳат	5
le transport - нақлиёт	8
la ville - шаҳр	10
le paysage - ландшафт	14
le restaurant - тарабхона	17
le supermarché - супермаркет	20
les boissons - нӯшокиҳои	22
les aliments - таъом	23
la ferme - ферма	27
la maison - хона	31
la salle de séjour - мехмонхона	33
la cuisine - ошхона	35
la salle de bains - ҳамом	38
la chambre d'enfant - ҳуҷраи кӯдакона	42
les vêtements - либос	44
le bureau - идора	49
l'économie - иқтисодиёт	51
les professions - касбҳо	53
les outils - асбобҳо	56
les instruments de musique - асбобҳои мусиқӣ	57
le zoo - боғи ҳайвонот	59
les sports - варзиш	62
les activités - фаъолият	63
la famille - оила	67
le corps - бадан	68
l'hôpital - бемористон	72
l'urgence - ҳолати фавқулодда	76
la Terre - замин	77
l'heure - вақт	79
la semaine - ҳафта	80
l'année - сол	81
les formes - баст	83
les couleurs - рангҳо	84
les opposés - мухолифат	85
les nombres - ададҳо	88
les langues - забонҳо	90
qui / quoi / comment - ки / чиро / тавр	91
où - дар кучо	92

Impressum
Verlag: BABADADA GmbH, Nedderfeld 112 , 22529 Hamburg
Geschäftsführer / Verlagsleitung: Harald Hof
Druck: Books on Demand GmbH, In de Tarpen 42, 22848 Norderstedt

Imprint
Publisher: BABADADA GmbH, Nedderfeld 112 , 22529 Hamburg, Germany
Managing Director / Publishing direction: Harald Hof
Print: Books on Demand GmbH, In de Tarpen 42, 22848 Norderstedt

l'école
мактаб

- diviser — тақсим кардан
- le tableau — тахтаи синф
- la salle de classe — синф
- la cour d'école — саҳни мактаб
- l'enseignant — муаллим
- le papier — коғаз
- écrire — навиштан
- le stylo — ручка
- le bureau de travail — мизи хатнависӣ
- la règle — чадвал
- le livre — китоб
- l'écolier — талаба

le sac d'écolier

чузвдон

la trousse

қаламдон

le crayon

қалам

le taille-crayon

қаламтезкунак

la gomme à effacer

хаткуркунак

le bloc de papier à dessin

блокноти расмкашӣ

le dessin
расм

le pinceau
мӯқалами рассомӣ

la boîte de peintures
қуттии рангҳо

les ciseaux
қайчӣ

la colle
ширеш

le cahier d'exercices
дафтари машқ

les devoirs
вазифаи хонагӣ

le chiffre
рақам

additionner
ҷамъ кардан

soustraire
кам кардан

multiplier
зарб задан

calculer
ҳисоб кардан

la lettre
ҳарф

l'alphabet
алфавит

le mot
калима

l'école - мактаб

le texte
матн

lire
хондан

la craie
бӯр

la leçon
дарс

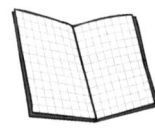
le cahier de notes
журнали синфӣ

l'examen
имтиҳон

le certificat
шаҳодатнома

l'uniforme scolaire
либоси мактабӣ

l'éducation
таҳсил/маориф

l'encyclopédie
энсиклопедия

l'université
донишгоҳ

le microscope
микроскоп (more frequently used)

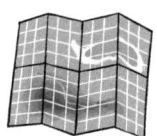
la carte
харита

la corbeille à papier
сабади партофҳои коғазӣ

le voyage
саёҳат

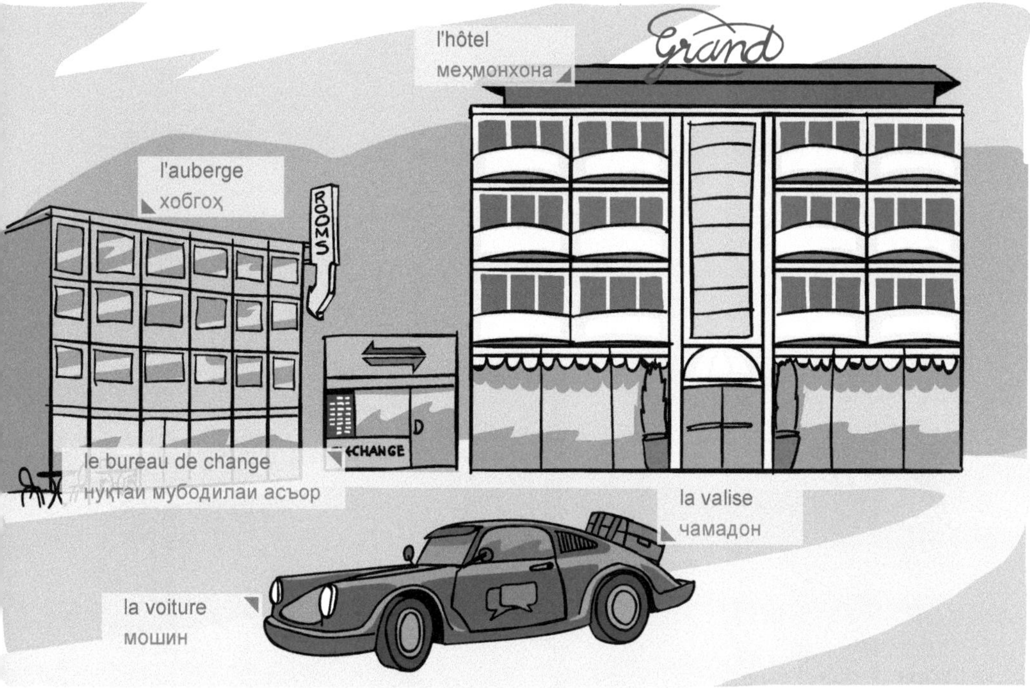

- l'hôtel — меҳмонхона
- l'auberge — хобгоҳ
- le bureau de change — нуқтаи мубодилаи асъор
- la valise — чамадон
- la voiture — мошин

la langue
забон

oui / non
ҳа / не

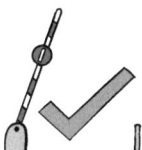

Okay
Хуб

Allo!
Ассалому алейкум

le traducteur
тарҷумон

Merci
Раҳмат

le voyage - саёҳат

Combien coûte...?
чӣ қадар аст ...?

Je ne comprends pas
Ман намефаҳмам

le problème
проблема

Bonsoir !
шаб ба хайр!

Bonjour !
субҳ ба хайр

Bonne nuit !
шаби хуш

bye bye
хайр

la direction
равона

les bagages
бағоҷ

le sac
ҷузвдон

le sac à dos
борхалта

l'invité
меҳмон

la pièce
хона

le sac de couchage
хобхалта

la tente
хайма

le voyage - саёҳат

le bureau d'information touristique

маълумоти сайёҳӣ

la plage

соҳил

la carte de crédit

корти кредитӣ

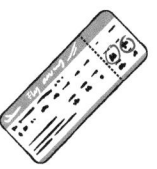

le déjeuner

наҳорӣ

le dîner

хӯроки пешин

le souper

хӯроки шом

le billet

чипта

l'ascenseur

лифт

le timbre

марка

la frontière

сарҳад

la douane

Гумрук

l'ambassade

сафорат

le visa

раводид

le passeport

шиносном

le voyage - саёҳат

le transport
нақлиёт

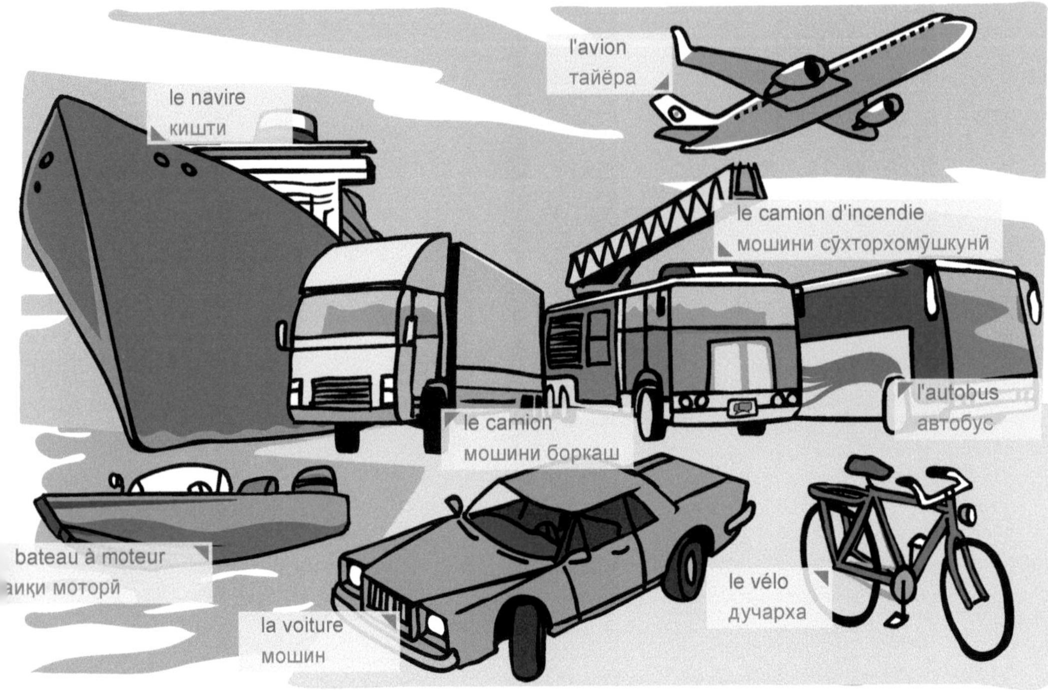

l'avion
тайёра

le navire
киштӣ

le camion d'incendie
мошини сӯхторхомӯшкунӣ

l'autobus
автобус

le camion
мошини боркаш

bateau à moteur
қаиқи моторӣ

le vélo
дучарха

la voiture
мошин

le traversier

пором

le bateau

қаиқ

la motocyclette

мотосикл

la voiture de police

мошини полис

la voiture de course

мошини тезрави пойгаи

la voiture de location

кирояи мошинҳо

l'autopartage

ҳамроҳ истифодабарии мошин

la dépanneuse

эвакуатор

le camion à ordures

павтовҷамъкунӣ

le moteur

муҳаррик

le carburant

сӯзишворӣ

la station-service

нуқтаи фурӯши сӯзишворӣ

le panneau de signalisation

аломати роҳ

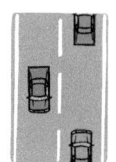

la circulation

ҳаракат

l'embouteillage

бандшавии ҳаракати роҳ

le parc de stationnement

ҷои исти мошинҳо

la gare

истгоҳи роҳи оҳан

les voies ferrées

роҳи оҳан

le train

қатора

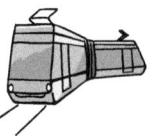

le tramway

тамвай

le wagon

вагон

le transport - нақлиёт

l'hélicoptère

чархбол

l'aéroport

фурудгоҳ

la tour

манора

le passager

мусофир

le conteneur

контейнер

la boîte en carton

қутии картонӣ

le chariot

ароба

le panier

сабад

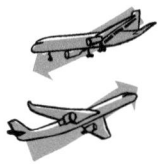

décoller / atterrir

гирифтан / замин

la ville
шаҳр

le village

деҳа

le centre-ville

маркази шаҳр

la maison

хона

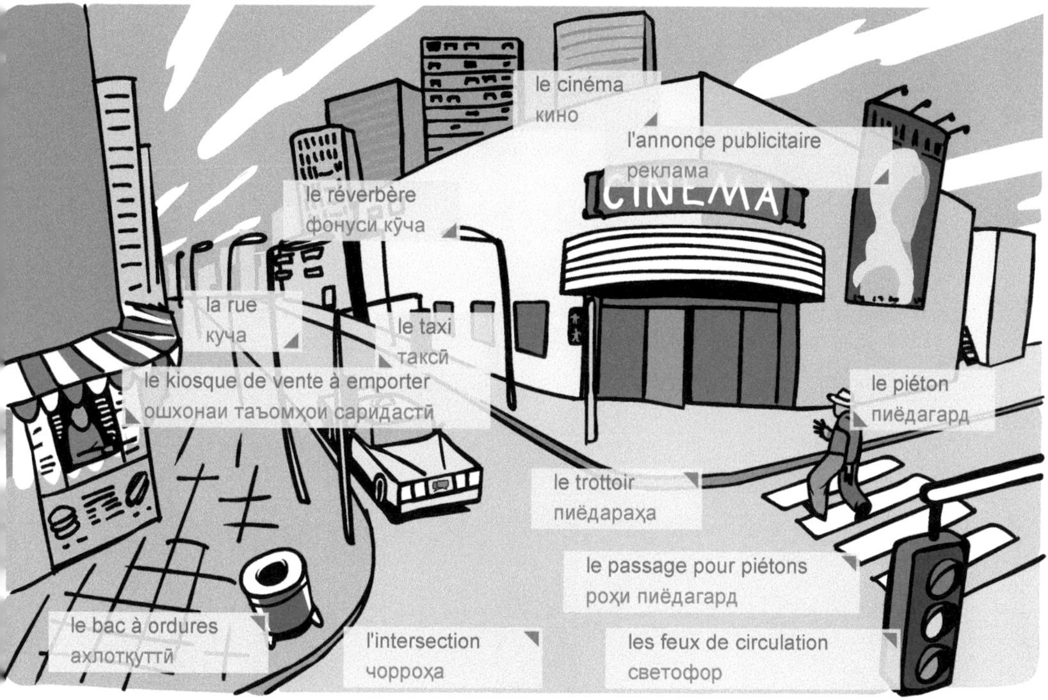

le cinéma
кино

l'annonce publicitaire
реклама

le réverbère
фонуси кӯча

la rue
кӯча

le taxi
такси

le kiosque de vente à emporter
ошхонаи таъомҳои саридастӣ

le piéton
пиёдагард

le trottoir
пиёдараҳа

le passage pour piétons
роҳи пиёдагард

le bac à ordures
ахлоткуттӣ

l'intersection
чорроҳа

les feux de circulation
светофор

la cabane
кулба

l'appartement
ҳамвор

la gare
истгоҳи роҳи оҳан

l'hôtel de ville
бинои маъмурияти шаҳр

le musée
осорхона

l'école
мактаб

la ville - шаҳр

l'université

донишгоҳ

la banque

бонк

l'hôpital

бемористон

l'hôtel

меҳмонхона

la pharmacie

доухона

le bureau

идора

la librairie

сехи китоб

le magasin

сехи

le fleuriste

мағозаи гулфурӯшӣ

le supermarché

супермаркет

le marché

бозор

le grand magasin

универмаг

la poissonnerie

мағозаи моҳифурӯшӣ

le centre commercial

маркази савдо

le port

бандар

la ville - шаҳр

le parc

парк

le banc

бонк

le pont

пул

les escaliers

зинапоя

le métro

метро

le tunnel

нақби

l'arrêt d'autobus

истгоҳи автобус

le bar

бар

le restaurant

тарабхона

la boîte à lettres

қуттии почта

la plaque de rue

аломати номи кӯчаҳо

le parcomètre

ҳисобкунаки исти мошинҳо

le zoo

боғи ҳайвонот

les bains publics

ҳавзи шиноварӣ

la mosquée

масҷид

la ville - шаҳр

la ferme
ферма

la pollution
ифлоскунӣ

le cimetière
қабристон

l'église
калисо

l'aire de jeux
майдончаи бозӣ

le temple
маъбад

le paysage
ландшафт

- la feuille — барг
- le panneau indicateur — аломати роҳнамо
- le chemin — роҳ
- le pré — алафзор
- la pierre — санг
- l'arbre — дарахт
- le randonneur — сайёҳ
- la rivière — darё
- l'herbe — алаф
- la fleur — гул

la vallée

водӣ

la colline

кӯҳ

le lac

кӯл

la forêt

беша

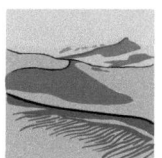

le désert

биёбон

le volcan

вулкан

le château

қалъа

l'arc-en-ciel

рангинкамон

le champignon

занбӯруғ

le palmier

дарати нахл

le moustique

хомӯшак

la mouche

паридан

la fourmi

мурча

l'abeille

занбур

l'araignée

тортанак

le paysage - ландшафт

le scarabée
гамбӯсак

la grenouille
қурбоққа

l'écureuil
санҷоб

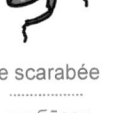

le hérisson
хорпушт

le lièvre
харгӯш

la chouette
бум

l'oiseau
парранда

le cygne
мурғи ку

le sanglier
хуки ваҳшӣ

le cerf
оху

l'orignal
гавазн

le barrage
сарбанд

l'éolienne
турбина шамол

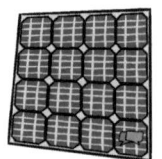

le panneau solaire
панел офтобӣ

le climat
иқлим

le restaurant
тарабхона

- le serveur — пешхизмат
- le menu — меню
- la chaise — курсӣ
- la soupe — шӯрбо
- la pizza — Pizza
- la coutellerie — асбобу анҷоми хӯрокхӯрӣ
- la nappe — дастархон

les hors-d'œuvre

стартер/корандоз

le plat principal

хӯроки асосӣ

le dessert

десерт

les boissons

нӯшокиҳои

les aliments

таъом

la bouteille

шиша

la restauration rapide

Хӯроки Тез Таёр мешуда

la cuisine de rue

хӯроки кӯчагӣ

la théière

чойник

le sucrier

шакардон

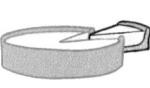

la part

қисм/порча

la machine à expresso

мошини espresso

la chaise haute d'enfant

курсии кӯдакона

la facture

ҳисоб

le plateau

зарфмонак

le couteau

корд

la fourchette

чангол

la cuillère

қошуқ

la cuillère à thé

қошуқча

la serviette

сачоқи қоғазӣ

le verre

истакон

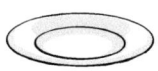

l'assiette

табақча

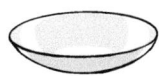

l'assiette creuse

косача

la soucoupe

тақсимча

la sauce

соус

la salière

намакдон

le moulin à poivre

мурчдон

le vinaigre

сирко

l'huile

равғани растанӣ

les épices

приправа

le ketchup

кетчуп

la moutarde

хардал

la mayonnaise

майонез

le restaurant - тарабхона

le supermarché

супермаркет

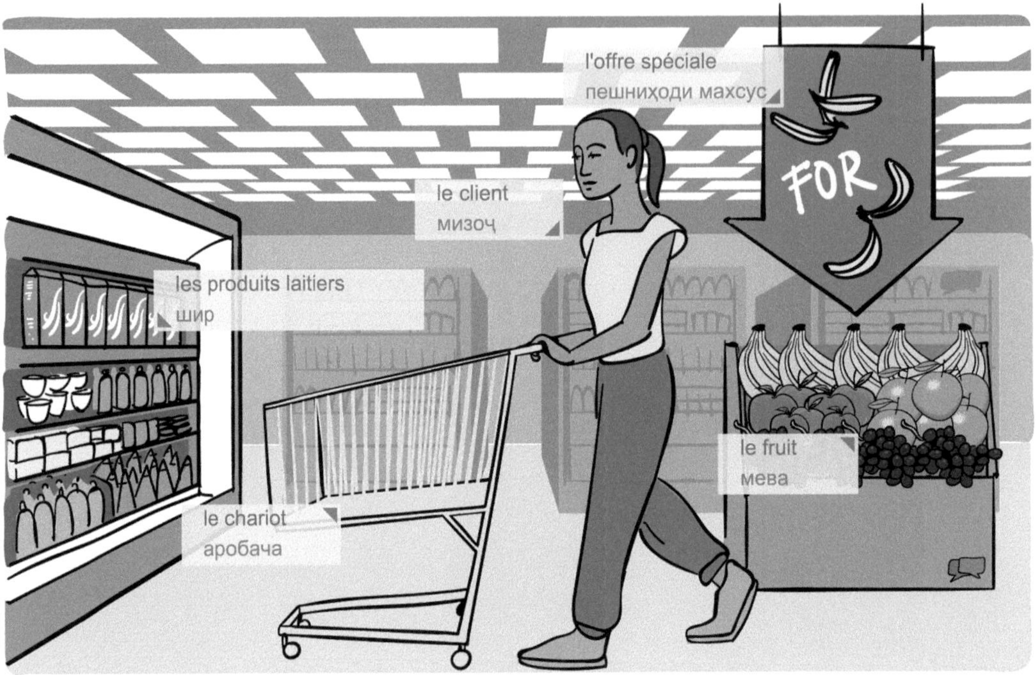

l'offre spéciale
пешниҳоди махсус
FOR
le client
мизоҷ
les produits laitiers
шир
le fruit
мева
le chariot
аробача

BUTCHERS

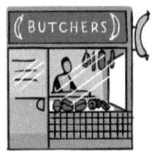

la boucherie

дукони гӯштфурӯшӣ

BAKERY

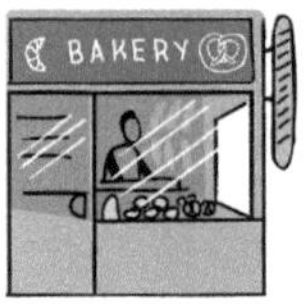

la boulangerie

дукони нонфурӯшӣ

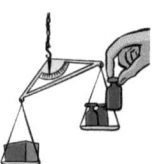

peser

баркашидан

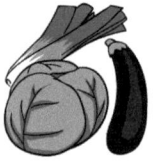

les légumes

сабзавот

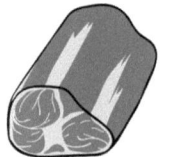

la viande

гӯшт

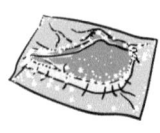

les aliments congelés

хӯроки яхбаста

les viandes froides

тилимҳои борик буридаи гушт

les conserves

озуқаворӣ консервонидашуда

le détergent à lessive en poudre

хокаи либосшӯй

les sucreries

ширинӣ

les produits d'entretien ménager

асбоби рӯзгор

les produits d'entretien

воситаҳои тозакунанда

la vendeuse

фурӯшанда

la caisse

касса

le caissier

кассир

la liste de provisions

рӯихати харидкунӣ

les heures d'ouverture

соат ифтитоҳи

le portefeuille

ҳамён

la carte de crédit

корти кредитӣ

le sac

ҷуздо

le sac plastique

пакет

le supermarché - супермаркет

les boissons
нӯшокиҳои

l'eau
об

le jus
шарбат

le lait
шир

le cola
кола

le vin
шароб

la bière
оби ҷав

l'alcool
машрубот

le cacao
какао

le thé
чой

le café
қаҳва

l'expresso
эспрессо

le cappuccino
каппучино

les aliments
таъом

la banane
банан

la pomme
себ

l'orange
норанҷӣ

le melon d'eau
харбуза

le citron.
лимӯ

la carotte
сабзӣ

l'ail
сир

le bambou
бамбук

l'oignon
пиёз

le champignon
занбӯруғ

les noix
чормағз

les nouilles
угро

les spaghettis
спагеттӣ

le riz
биринҷ

la salade
салат

les frites
картошкаи қоқак

les pommes de terre sautées
картошкабирён

la pizza
Pizza

le hamburger
гамбургер

le sandwich
бутерброд

l'escalope
шнитсел

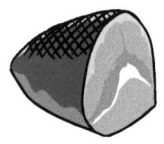

le jambon
гӯшти намакардаи хук

le salami
ҳасиби салямӣ

la saucisse
ҳасиб

le poulet
мурғ

le rôti
кабоб

le poisson
моҳӣ

les aliments - таъом

le gruau d'avoine

ярмаи ҷав

le muesli

омехтаи ғалладонагӣ

les flocons de maïs

ярмаи ҷуворимакка

la farine

орд

le croissant

кулчақанд

le petit pain

кулчақанд

le pain

нон

la rôtie

як порча нони бирён

les biscuits

кулчачаҳои қандин

le beurre

маска

le caillé

творог

le gâteau

пирог

l'œuf

тухм

l'œuf miroir

тухм бирён

le fromage

панир

les aliments - таъом

la crème glacée

яхмос

le sucre

шакар

le miel

асал

la confiture

мураббо

la crème de nougat

хамираи ҳалво

le cari

Curry

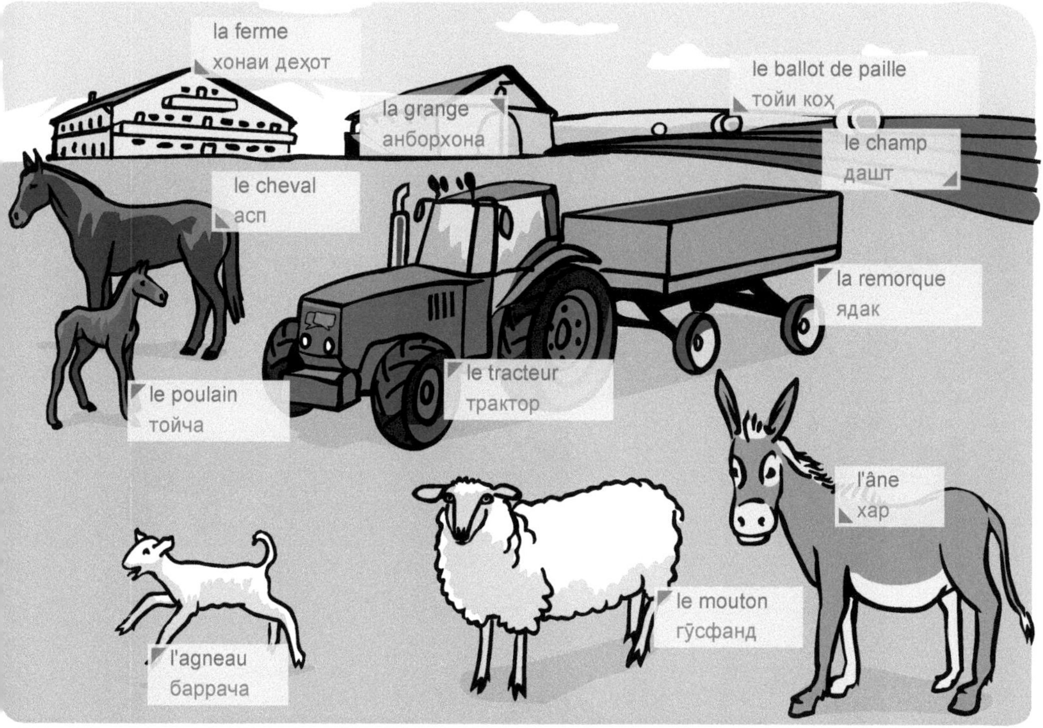

la ferme
ферма

la ferme
хонаи деҳот

la grange
анборхона

le ballot de paille
тойи коҳ

le champ
дашт

le cheval
асп

la remorque
ядак

le poulain
тойча

le tracteur
трактор

l'âne
хар

l'agneau
баррача

le mouton
гӯсфанд

la chèvre

буз

la vache

гов

le veau

гӯсола

le porc

хук

le porcelet

хукча

le taureau

буққа

l'oie

қоз

le canard

мурғобӣ

le poussin

чӯҷа

la poule

мурғ

le coq

хурӯс

le rat

каламуш

le chat

гурба

la souris

муш

le bœuf

барзагов

le chien

саг

la niche

хоначаи саг

le tuyau d'arrosage

рӯдаи резинӣ

l'arrosoir

камобӣ метавонад

la faux

дос

la charrue

сипори шудгоркунии замин

la ferme - ферма

la faucille
доси

la binette
каланд

la fourche à foin
панҷшоха

la hache
табар

la brouette
ароба

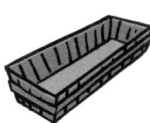

l'auge
охур

le pot à lait
зарфи ширгирӣ

le grand sac
халта

la clôture
девор

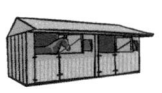

l'écurie
мӯътадил

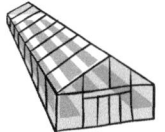

la serre
гармхона

le sol
хок

les graines
тухмӣ

l'engrais
нуриҳо

la moissonneuse-batteuse
комбайни ғаллағундорӣ

récolter

ҳосил

la récolte

ҳосил

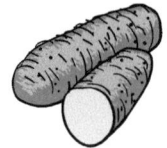

l'igname

yams

le blé

гандум

le soja

лубиж

la pomme de terre

картошка

le maïs

чуворй

la graine de colza

донаи маъсар

l'arbre fruitier

дарахти мева

le manioc

manioc

les grains

ғалладона

la ferme - ферма

la maison
хона

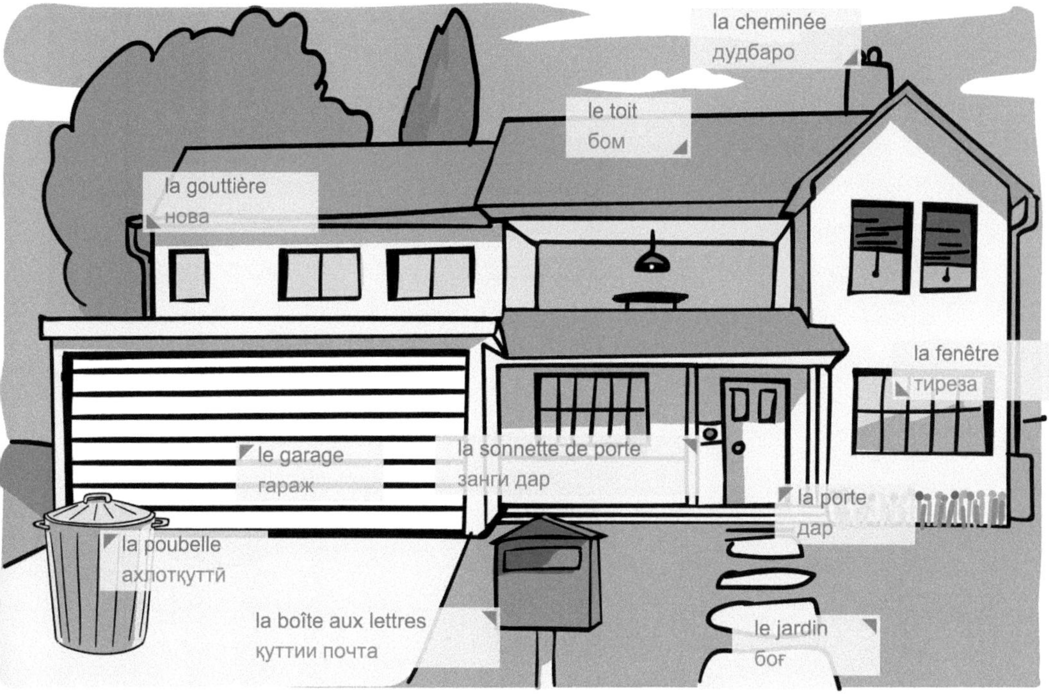

la cheminée
дудбаро

le toit
бом

la gouttière
нова

la fenêtre
тиреза

le garage
гараж

la sonnette de porte
занги дар

la porte
дар

la poubelle
ахлоткуттӣ

la boîte aux lettres
куттии почта

le jardin
боғ

la salle de séjour

мехмонхона

la salle de bains

ҳамом

la cuisine

ошхона

la chambre à coucher

хонаи хоб

la chambre d'enfant

ҳуҷраи кӯдакона

la salle à manger

ошхона

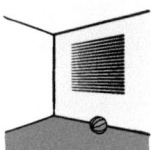

le plancher

ошёна

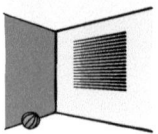

le mur

девор

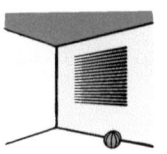

le plafond

шифт

le cellier

тагзаминӣ

le sauna

сауна

le balcon

балкон

la terrasse

суфача

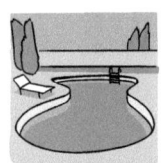

la piscine

ҳавз

la tondeuse à gazon

мошини алафдаравӣ

le drap

варақ

le jeté de lit

кампал

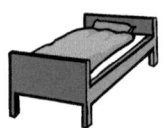

le lit

кат

le balai

ҷорӯб

le seau

сатил

l'interrupteur

калид

la salle de séjour
мехмонхона

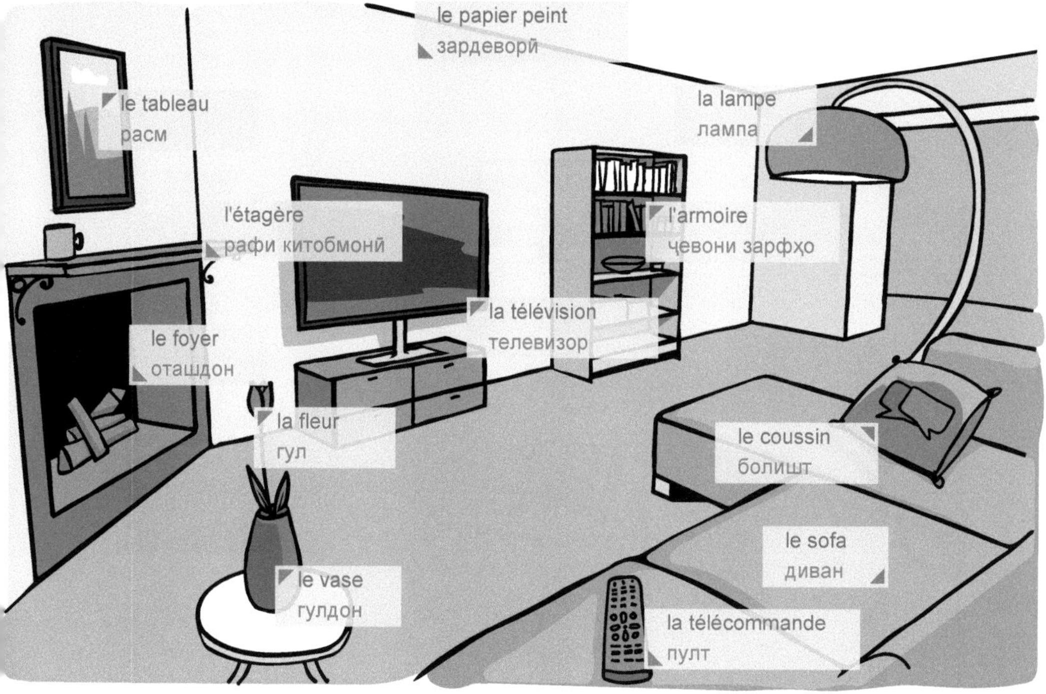

- le papier peint — зардеворӣ
- le tableau — расм
- la lampe — лампа
- l'étagère — рафи китобмонӣ
- l'armoire — чевони зарфхо
- le foyer — оташдон
- la télévision — телевизор
- la fleur — гул
- le coussin — болишт
- le vase — гулдон
- le sofa — диван
- la télécommande — пулт

le tapis
қолин

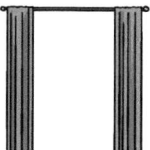

le rideau
парда

la table
мизи

la chaise
курсӣ

la berceuse
rocking кафедраи

le fauteuil
курсӣ

le livre

китоб

la couverte

курпа

la décoration

ороиш

le bois de chauffage

ҳезум

le film

филм

la chaîne hi-fi

дастгоҳи hi-fi

la clé

калид

le journal

рӯзнома

la peinture

расм

l'affiche

эълон

la radio

радио

le bloc-notes

китобчаи қайдҳо

l'aspirateur

чангкашак

le cactus

кактус

la chandelle

шам

34   la salle de séjour - мехмонхона

la cuisine
ошхона

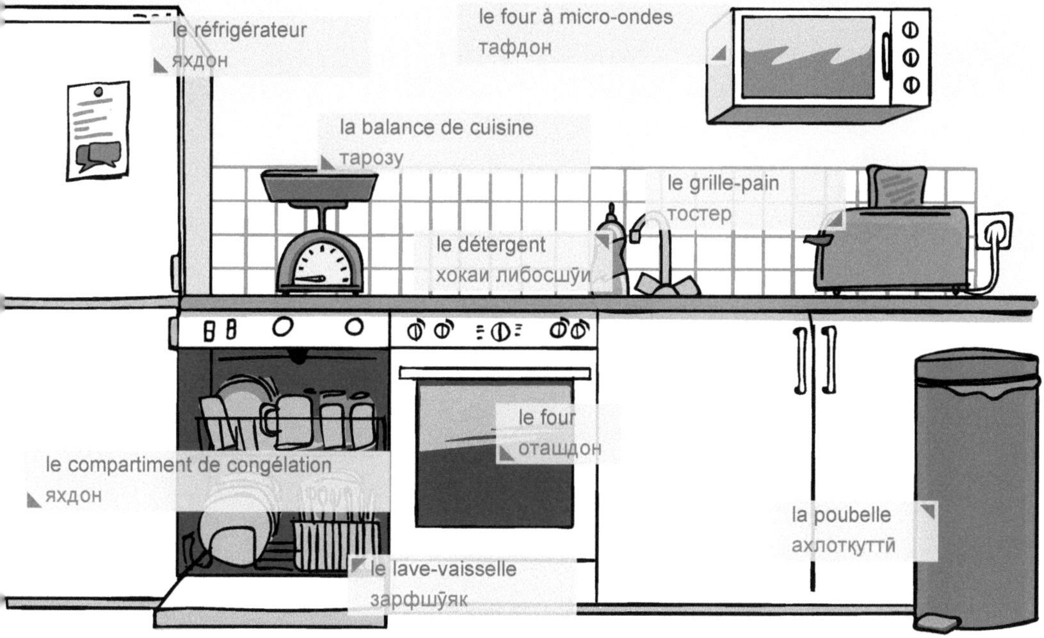

- le réfrigérateur — яхдон
- le four à micro-ondes — тафдон
- la balance de cuisine — тарозу
- le détergent — хокаи либосшӯи
- le grille-pain — тостер
- le compartiment de congélation — яхдон
- le four — оташдон
- la poubelle — ахлоткуттӣ
- le lave-vaisselle — зарфшӯяк

la cuisinière
плита

la marmite
тубак

la cocotte en fonte
дег

le wok/kadai
дег / кадй

la poêle
тоба

la bouilloire
чойник

le cuiseur à vapeur

steamer

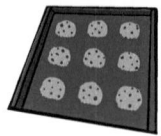

la plaque à patisserie

лист

la vaisselle

зарф

la grande tasse

кружка

le bol

коса

les baguettes

чубаки хурокхӯрӣ

la louche

кафлези

la spatule

кафлези ҳамвор

le fouet

whisk

la passoire

strainer

le tamis

элак

la râpe

турбтарошак

le mortier

миномет

le barbecue

Кабоб Кардан

le foyer

оташ кушод

la cuisine - ошхона

la planche à découper

тахтаи резакунӣ

le rouleau à pâtisserie

чӯба

le tire-bouchon

пӯккашак

la boîte à conserves

банка

l'ouvre-boîte

консервокушояк

la mitaine de four

дастак

l'évier

дастшӯяк

la brosse

чӯтка

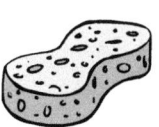

l'éponge

исфанҷ

le mélangeur

блендер

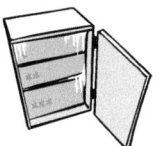

le congélateur

сармодон

le biberon

шишача

le robinet

чумак

la cuisine - ошхона

la salle de bains
ҳамом

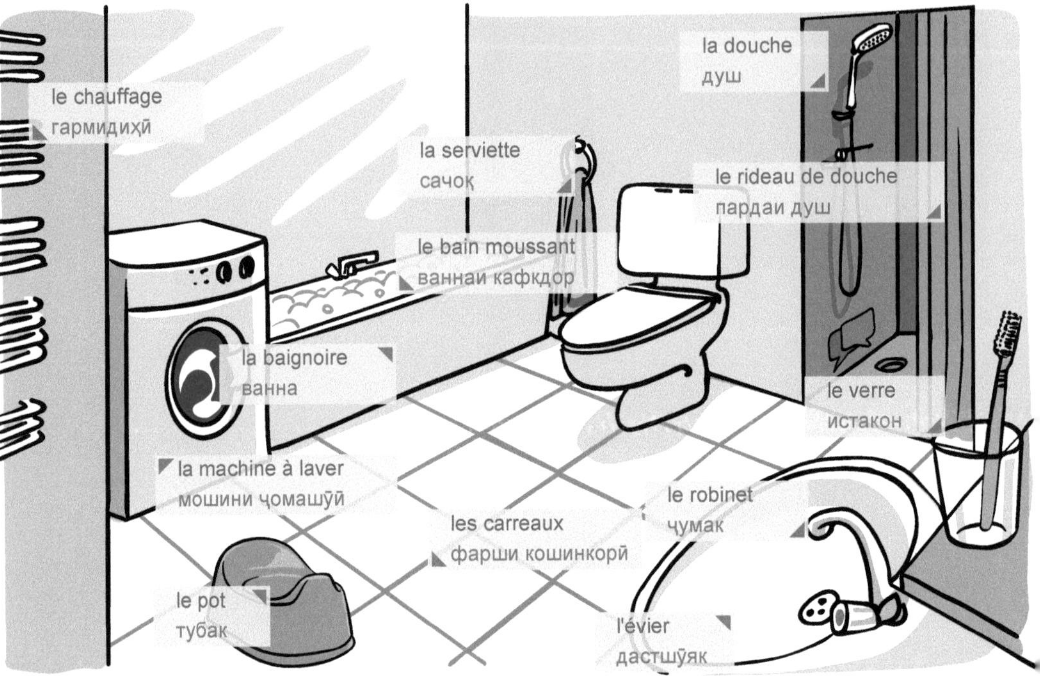

- le chauffage — гармидиҳӣ
- la douche — душ
- la serviette — сачоқ
- le rideau de douche — пардаи душ
- le bain moussant — ваннаи кафкдор
- la baignoire — ванна
- le verre — истакон
- la machine à laver — мошини ҷомашӯӣ
- le robinet — чумак
- le pot — тубак
- les carreaux — фарши кошинкорӣ
- l'évier — дастшӯяк

la toilette

ҳоҷатхона

la toilette turque

нишастгоҳи халоҷои рӯйфаршӣ

le bidet

биде

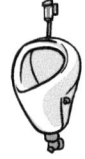

l'urinoir

ҳоҷатхонаи мардона

le papier hygiénique

коғази ташноб

la brosse à toilette

чӯткаи ҳоҷатхона

la salle de bains - ҳамом

la brosse à dents
дандоншӯяк

le dentifrice
хамираи дандоншӯи

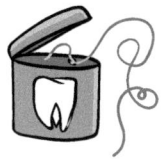
la soie dentaire
риштаи дандонтозакунӣ

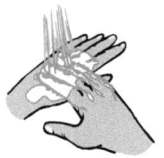
laver
шӯстан

la douchette
души дастӣ

la douche vaginale
обшӯй

la cuvette
ҳавза

la brosse pour le dos
шона кардани мӯй

le savon
собун

le gel douche
гел барои душ

le shampooing
шампун

la débarbouillette
бумазӣ

le drain
заҳкаш

la crème
крем

le déodorant
дезодорант

la salle de bains - ҳамом

le miroir

оина

le miroir à main

оинаи дастӣ

le rasoir

риштарошаки барқи

la mousse à raser

кафк барои риштарошӣ

l'après-rasage

оби мушкини баъди риштарошӣ

le peigne

шона

la brosse

чӯтка

le sèche-cheveux

мӯйхушкунак

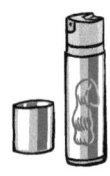

la laque

лак барои мӯй

le maquillage

косметика

le rouge à lèvres

лабсурхкунак

le vernis à ongles

лок барои нохун

l'ouate

пахта

les ciseaux à ongles

қайчии нохунгирӣ

le parfum

атриёт

la salle de bains - ҳамом

la trousse de toilette
ҷузвдони косметикӣ

le tabouret
қазои ҳоҷат

le pèse-personne
тарозу

le peignoir
хилъат

les gants de caoutchouc
дастпӯшак резина

le tampon
тампон

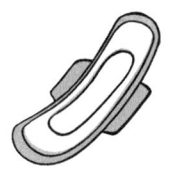

les serviettes hygiéniques
дастмоли санитарӣ

la toilette chimique
био-ҳоҷатхона

la salle de bains - ҳамом

la chambre d'enfant
ҳуҷраи кӯдакона

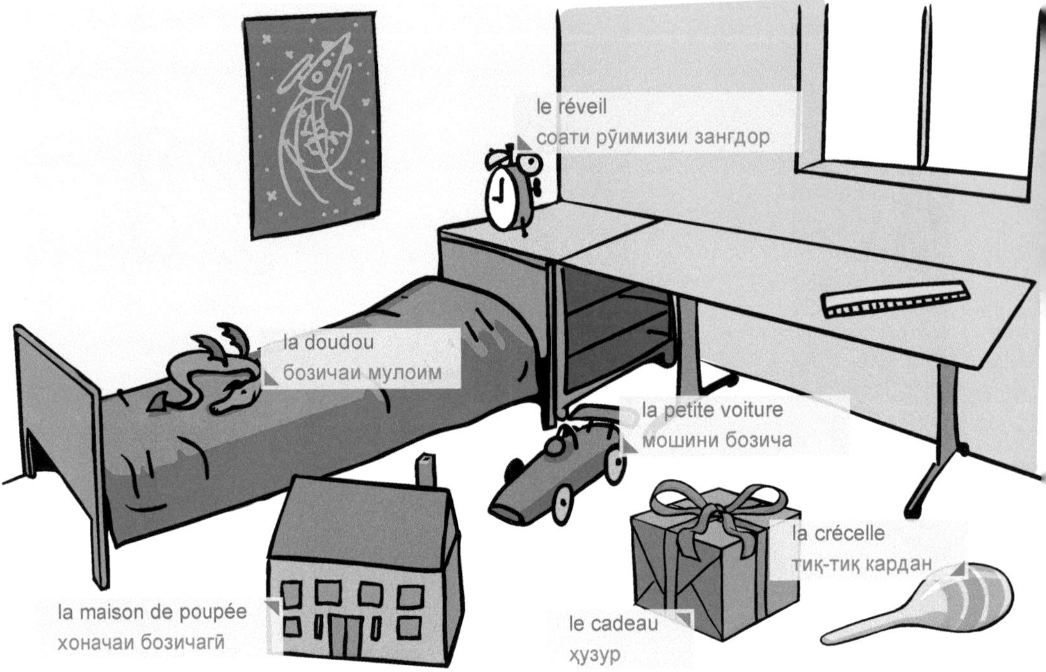

le réveil — соати рӯимизии зангдор

la doudou — бозичаи мулоим

la petite voiture — мошини бозича

la crécelle — тиқ-тиқ кардан

la maison de poupée — хоначаи бозичагӣ

le cadeau — ҳузур

le ballon

пуфак

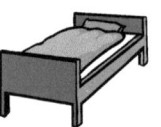

le lit

кат

le landau

аробочаи кудакона

le jeu de cartes

маҷмӯи кортҳо

le casse-tête

бозии муамоёбӣ

la bande dessinée

комикс

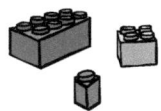
les blocs LEGO
хиштҳои лего

le jeu de briques
мағозаи бозичафурӯхтан

la figurine articulée
рақам амал

la dormeuse
либоси ғаваккашӣ

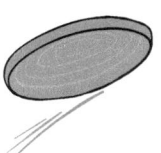
le disque volant
фрисби

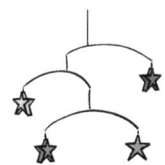
le mobile
мобилӣ

le jeu de société
лавҳачаи бозӣ

le dé
кубик

l'ensemble de modèles de train
маҷмӯи модели қатора

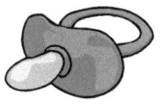
le mannequin
пистонак

la fête
ҳизб

le livre d'images
китоби расм

la balle
тӯб

la poupée
лӯхтак

jouer
бози кардан

la chambre d'enfant - ҳуҷраи кӯдакона

le bac à sable

куттии рег

la balançoire

арғунчак

les jouets

бозича

la console de jeu vidéo

консоли бозиҳои видеой

le tricycle

велосипеди сечарха

l'ours en peluche

хирсаки бахмалии патдор

la garde-robe

чевон

les vêtements
либос

les chaussettes

чуроб

les bas

чуроби соқбаланд

le collant

колготки

l'écharpe
гарданпеч

le parapluie
чатр

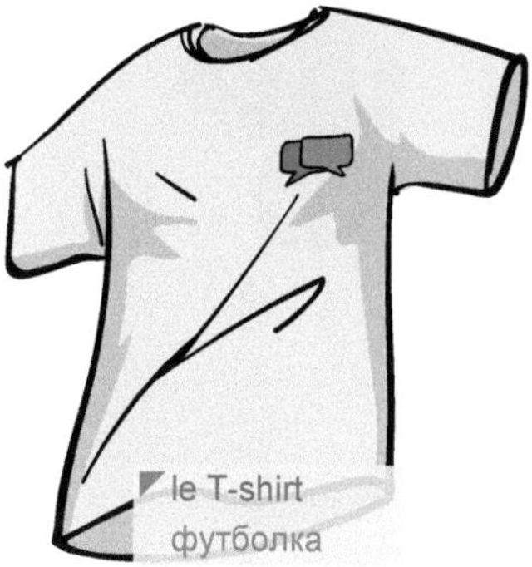

le T-shirt
футболка

la ceinture
тасма

les bottes
пойафзол

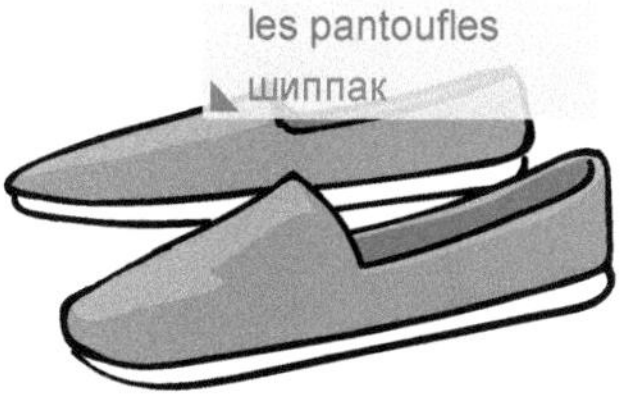

les pantoufles
шиппак

les chaussures de sport
кроссовки

les sandales
босоножкй

les souliers
пойафзол

les bottes de caoutchouc
музаи резинӣ

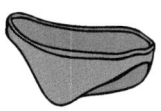

les sous-vêtements
турсӣ

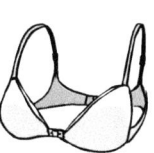

le soutien-gorge
синабанд

le gilet
майка

les vêtements - либос

le body
бадан

le pantalon
шим

le jean
чинс

la jupe
юбка

le chemisier
куртаи нимтаи занона

la chemise
курта

le chandail
свитер

le chandail à capuche
свитер

le blazer
пичак

la veste
нимтана

le manteau
палто

le manteau de pluie
плаш

le complet
костюм

la robe
куртаи занона

la robe de mariée
либос тӯйи

46   les vêtements - либос

le tailleur

костюм

la chemise de nuit

куртаи хоб

le pyjama

пижама

le sari

Сари

le foulard

рӯймол

le turban

салла

la burqa

ниқобу

le cafetan

кафтан

l'abaya

абая

le maillot de bain

либоси обозӣ

le maillot short

эзорчаи шиноварии мардона

la culotte courte

шорти

le survêtement

либоси варзишӣ

le tablier

пешбанд

les mitaines

дастпӯшак

les vêtements - либос

le bouton

тугма

les lunettes

айнак

le bracelet

дастпона

le collier

гарданбанд

la bague

ангуштарин

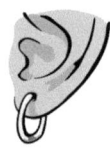

la boucle d'oreille

гӯшвора

la tuque

кулоҳ

le cintre

либосовезак

le chapeau

кулоҳ

la cravate

галстук

la fermeture à glissière

занҷирак

le casque

тоскулоҳ

les bretelles

шимбардор

l'uniforme scolaire

либоси мактабӣ

l'uniforme

либоси

48   les vêtements - либос

le bavoir
пешгир

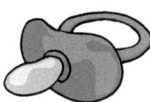
le mannequin
пистонак

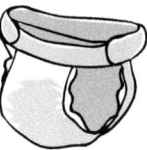
la couche
подгузник

le bureau
идора

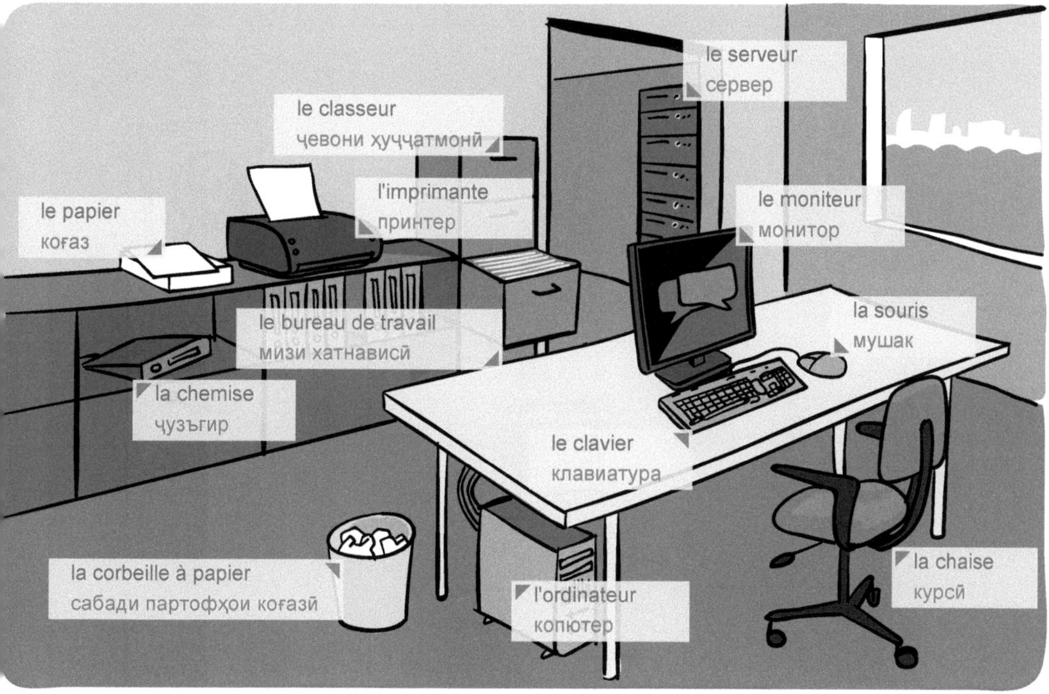

le serveur — сервер

le classeur — чевони хуччатмонӣ

l'imprimante — принтер

le moniteur — монитор

le papier — коғаз

le bureau de travail — мизи хатнависӣ

la souris — мушак

la chemise — ҷузъгир

le clavier — клавиатура

la corbeille à papier — сабади партофхои коғазӣ

l'ordinateur —컴пютер

la chaise — курсӣ

la grande tasse à café
кружкаи қаҳванӯшӣ

la calculatrice
калкулятор

l'Internet
интернет

l'ordinateur portable

ноутбук

la lettre

мактуб

le message

хабар

le téléphone cellulaire

телефони мобилӣ

le réseau

шабака

le photocopieur

нусхабардор

le logiciel

нармафзор

le téléphone

телефон

la prise de courant

розетка

le télécopieur

факс

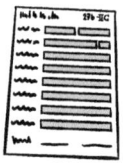

le formulaire

шакл

le document

ҳуҷҷат

le bureau - идора

l'économie
иқтисодиёт

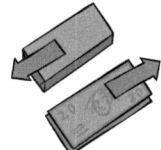
acheter
харидан

payer
пардохт

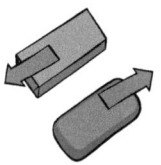
commercer
савдо

l'argent
пул

le dollar
доллар

l'euro
евро

le yen
йен

le rouble
рубл

le franc suisse
франки швейцариягӣ

le renminbi yuan
юан

la roupie
рупӣ

le distributeur de billets
нуқтаи нақд

le bureau de change
нуқтаи мубодилаи асъор

l'or
тилло

l'argent
нуқра

le pétrole
равғани растанӣ

l'énergie
энерги

le prix
нарх

le contrat
шартнома

la taxe
андоз

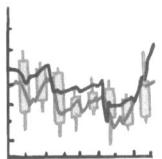
les actions
саҳмия

travailler
кор

l'employé
хизматчӣ

l'employeur
соҳибкор

l'usine
завод

le magasin
сехи

l'économie - иқтисодиёт

les professions
касбҳо

l'agent de police
корманди полис

le pompier
сӯхторхомушкун

le cuisinier
ошпаз

le docteur
духтур

le pilote
халабон

le jardinier

боғбон

le charpentier

чӯбтарош

le couturier

дӯзанда

le juge

судя

le pharmacien

кимиёшинос

l'acteur

актер

le chauffeur d'autobus
ронандаи автобус

le chauffeur de taxi
таксист

le pêcheur
моҳигир

la femme de ménage
фаррошзан

le couvreur
устои бомпӯш

le serveur
пешхизмат

le chasseur
шикорчӣ

le peintre
рассом

le boulanger
нонвой

l'électricien
барқ

le constructeur de bâtiments
сохтмончӣ

l'ingénieur
инженер

le boucher
қассоб

le plombier
устои шабакаи об

le facteur
хаткашон

les professions - касбҳо

le soldat
сарбоз

l'architecte
меъмор

le caissier
кассир

le fleuriste
гулфурӯш

le coiffeur
сартарош

le chef de train
кондуктор

le mécanicien
механик

le capitaine
капатан

le dentiste
духтури дандон

le scientifique
олим

le rabbin
хохом

l'imam
имом

le moine
шайх

l'ecclésiastique
саркоҳин

les professions - касбҳо

les outils
асбобхо

le marteau
болғача

les pinces
анбӯри паҳннӯл

le tournevis
мурваттобак

la clé
калиди гайкатобӣ

la lampe-torche
фонуси дастӣ

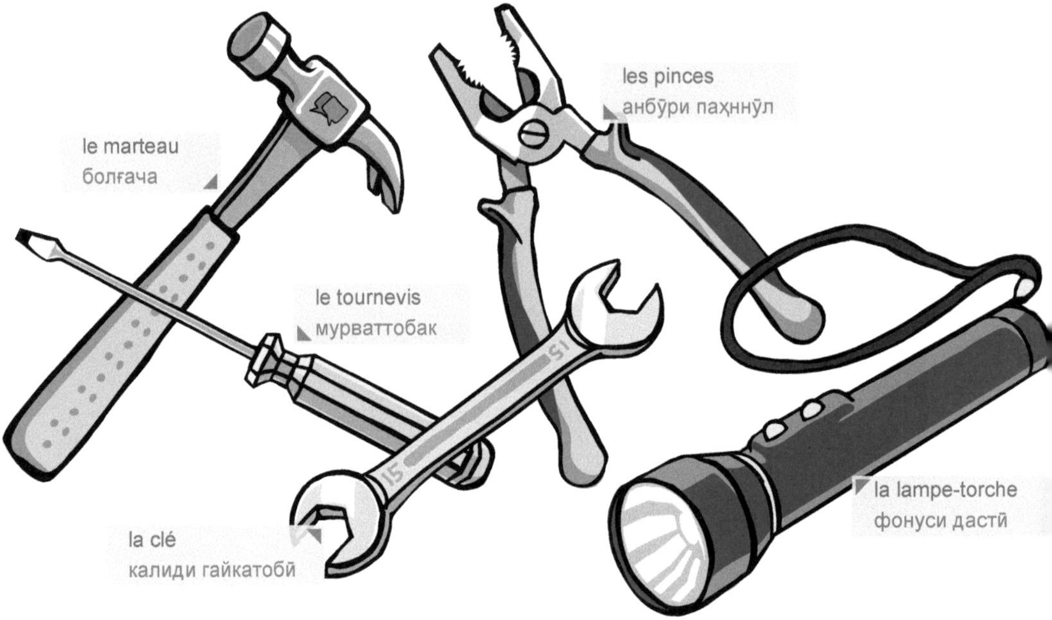

l'excavatrice

экскаватор

la boîte à outils

қутии асбобҳо

l'échelle

зинапоя

la scie

арра

les clous

мехҳо

la perceuse

пармаи электрикӣ

réparer
таъмир

la pelle
бел

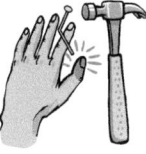
Tabarnouche !
Сабил монад!

la pelle à poussière
белчаи хокрӯбагирӣ

le pot de peinture
сатили ранг

les vis
мехи печдор

les instruments de musique
асбобҳои мусиқӣ

- la contrebasse — контрабас
- la batterie — асбоби нақоразанӣ
- le haut-parleur — динамик
- la guitare — гитара
- la trompette — карнай

le piano

пианино

le violon

ғиччак

la basse

бас-гитара

les timbales

нақораи поядор

le tambour

нақора

le synthétiseur

клавиатура

le saxophone

саксофон

la flûte

най

le microphone

баландгӯяд

les instruments de musique - асбобҳои мусиқӣ

le zoo
боғи ҳайвонот

l'entrée — даромад

le tigre — паланг

la cage — қафас

le zèbre — гӯрхар

la nourriture pour animaux — хӯроки чорво

le panda — панда

les animaux — ҳайвонот

l'éléphant — фил

le kangourou — кенгуру

le rhinocéros — каркадан

le gorille — горилла

l'ours — хирси бӯр

le chameau
шутур

l'autruche
шутурмурғ

le lion
шер

le singe
маймун

le flamand rose
бутимор

le perroquet
тӯти

l'ours polaire
хирси сафед

le pingouin
пингвин

le requin
наҳанг

le paon
товус

le serpent
мор

le crocodile
тимсоҳ

le gardien de zoo
посбон

le phoque
сил

le jaguar
ягуар

le zoo - боғи ҳайвонот

le poney
аспи кӯтоҳқад

le léopard
леопард

l'hippopotame
баҳмут

la girafe
заррофа

l'aigle
уқоб

le sanglier
хуки ваҳшӣ

le poisson
моҳӣ

la tortue
сангпушт

le morse
морж

le renard
рӯбоҳ

la gazelle
ғизол/оҳу

le zoo - боғи ҳайвонот

les sports
варзиш

les activités
фаъолият

- sauter — паридан
- serrer dans les bras — оғӯш гирифтан
- rire — ханда
- marcher — пиёда рафтан
- chanter — шеър хондан
- rêver — орзӯ кардан
- prier — ибодат кардан
- embrasser — бӯса кардан

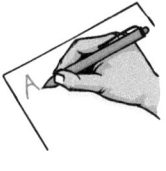

écrire
навиштан

dessiner
кашидан

montrer
нишон додан

pousser
тела додан

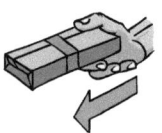

donner
додан

prendre
гирифтан

les activités - фаъолият

avoir
доранд

faire
кор

être
бошад

être debout
истодан

courir
давидан

tirer
кашидан

jeter
партофтан

tomber
афтидан

s'allonger
дароз кашидан

attendre
интизор шудан

porter
бардошта бурдан

s'asseoir
нишастан

s'habiller
либос пӯшидан

dormir
хобин

se réveiller
бедор шудан

les activités - фаъолият

regarder
нигоҳ кардан

pleurer
гиря кардан

caresser
сила кардан

peigner
шона

parler
гап задан

comprendre
фаҳмидан

demander
пурсидан

écouter
гӯш кардан

boire
нӯштдан

manger
хӯрдан

ranger
ғундоштан

aimer
ишқ

cuisiner
ошпаз

conduire
рондан

voler
парвоз кардан

les activités - фаъолият

faire de la voile
бо бодбон ҳаракат кардан

calculer
ҳисоб кардан

lire
хондан

apprendre
омӯхтан

travailler
кор

se marier
оиладор шудан

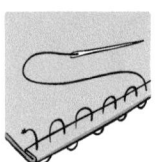
coudre
дӯхтан

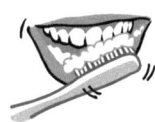
brosser les dents
дадон шӯстан

tuer
куштан

fumer
дуд

envoyer
фиристодан

les activités - фаъолият

la famille
оила

- la grand-mère — биби
- le grand-père — бобо
- le père — падар
- la mère — модар
- le bébé — кӯдак
- la fille — хоҳар
- le fils — писар

l'invité
меҳмон

la tante
хола

l'oncle
амак

le frère
бародар

la sœur
хоҳар

la famille - оила

le corps
бадан

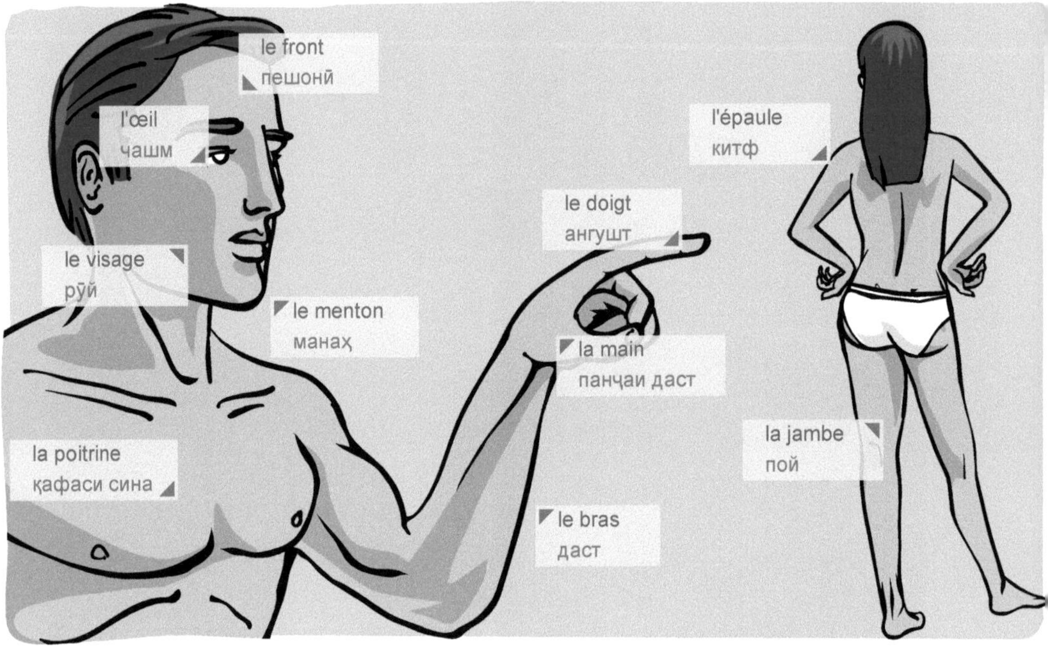

le front
пешонӣ

l'œil
чашм

l'épaule
китф

le doigt
ангушт

le visage
рӯй

le menton
манах

la main
панҷаи даст

la poitrine
қафаси сина

la jambe
пой

le bras
даст

le bébé

кӯдак

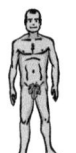

l'homme

мард

la femme

зан

la fille

духтар

le garçon

писар

la tête

сар

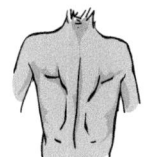

le dos

пушт

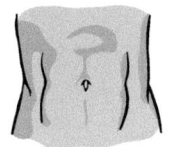

le ventre

шикам

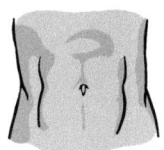

le nombril

ноф

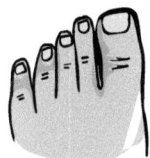

l'orteil

ангушти пой

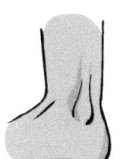

le talon

пошнаи пой

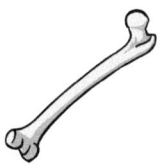

l'os

устухон

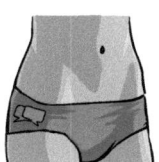

la hanche

рон

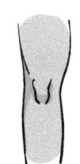

le genou

зону

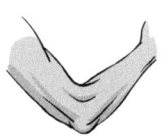

le coude

оринҷ

le nez

бинӣ

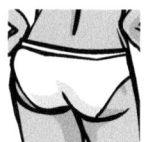

le derrière

таг

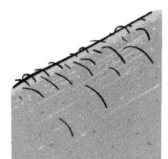

la peau

пӯст

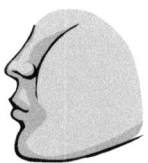

la joue

рухсора

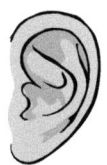

l'oreille

гӯш

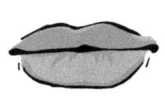

la lèvre

лаб

le corps - бадан

la bouche
даҳон

la dent
дадон

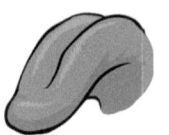

la langue
забон

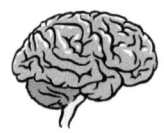

le cerveau
майнаи сар

le cœur
дил

le muscle
мушак

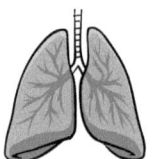

les poumons
шуш

le foie
ҷигар

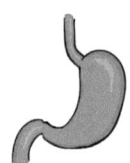

l'estomac
меъда

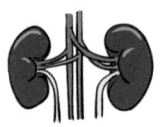

les reins
гурдаҳо

le rapport sexuel
алоқаи ҷинсӣ

le condom
рифола

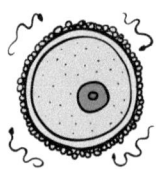

l'ovule
тухмҳуҷайра

le sperme
нутфа

la grossesse
ҳомиладорӣ

le corps - бадан

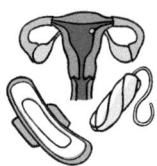

la menstruation

ҳайз

le vagin

маҳбал

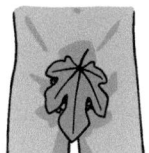

le pénis

кер

le sourcil

абрӯ

les cheveux

мӯй

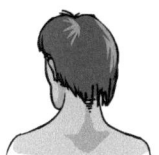

le cou

гардан

l'hôpital
бемористон

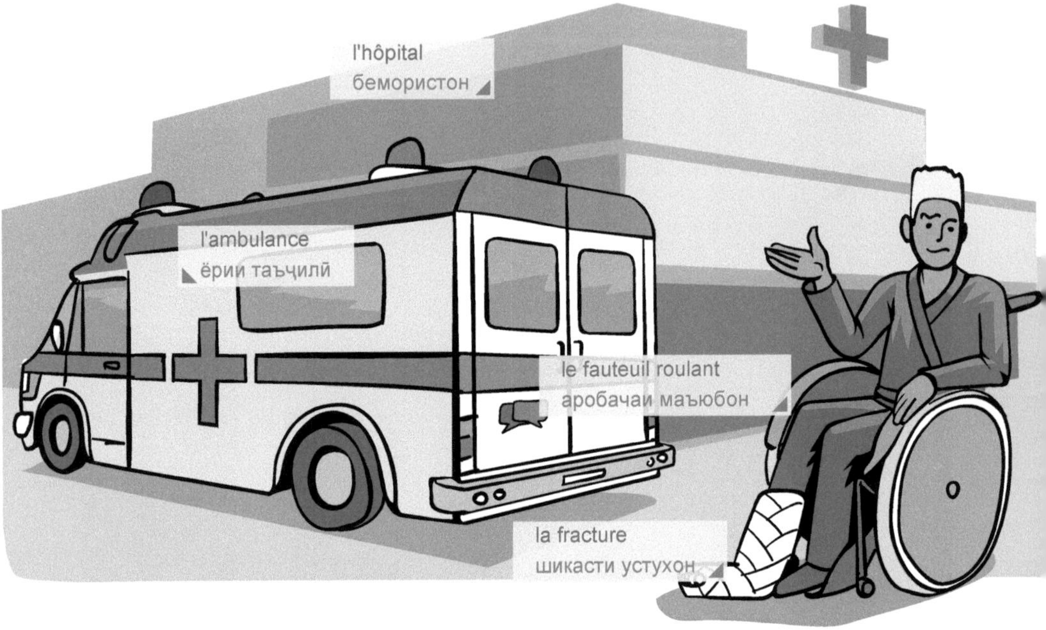

l'hôpital
бемористон

l'ambulance
ёрии таъҷилӣ

le fauteuil roulant
аробачаи маъюбон

la fracture
шикасти устухон

le docteur

духтур

la salle des urgences

ҳуҷраи ёрии фаврӣ

l'infirmier

ҳамшираи тиббӣ

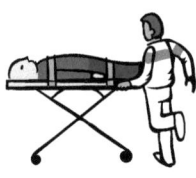

l'urgence

ҳолати фавқулодда

inconscient

беҳуш

la douleur

дард

la blessure

чароҳат

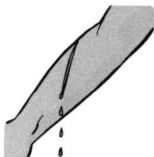

le saignement

хунравӣ

la crise cardiaque

дилзанак

l'AVC

сактаи майна

l'allergie

аллергия

la toux

сулфа

la fièvre

табларза

la grippe

грипп

la diarrhée

шикамравӣ

le mal de tête

сардард

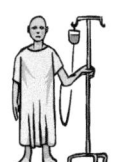

le cancer

саратон

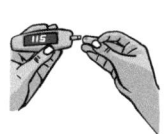

le diabète

диабет

le chirurgien

ҷарроҳ

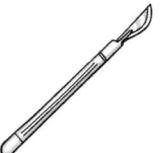

le scalpel

скалпел

l'opération

ҷарроҳӣ

l'hôpital - бемористон

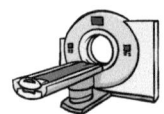
la tomodensitométrie
Томографияи компютерӣ

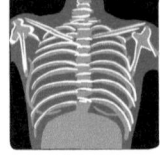
la radiographie
шӯъои ренгенӣ

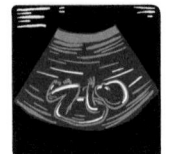
l'ultrason
ултрасадо

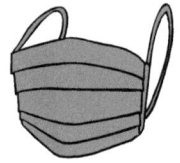
le masque
ниқоби рӯй

la maladie
беморӣ

la salle d'attente
ҳуҷраи интизорӣ

la béquille
асобағал

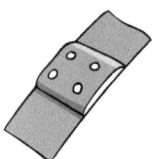
le sparadrap
марҳам

le bandage
дока

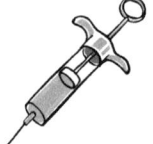
l'injection
сӯзандору

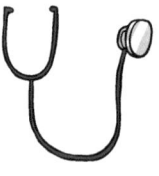
le stéthoscope
стетоскоп

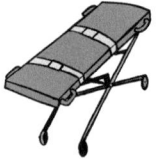
le brancard
занбар

le thermomètre médical
ҳароратсанҷ

l'accouchement
таваллуд

l'excès de poids
вазни зиёдатӣ

l'hôpital - бемористон

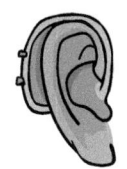
l'appareil auditif
тачҳизоти шунавой

le désinfectant
моддаи безараргардонӣ

l'infection
инфексия

le virus
вирус

le VIH/ le sida
ВИЧ / СПИД

le médicament
дору

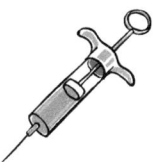
la vaccination
ваксинатсия

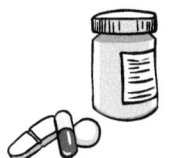
les comprimés
ҳабҳо

la pilule
ҳаб

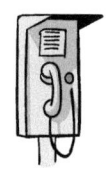
l'appel d'urgence
занги изтирорӣ

le tensiomètre
монитори фишори хун

malade / en bonne santé
бемор/солим

l'hôpital - бемористон

l'urgence
ҳолати фавқулодда

Au secours !
Кумак!

l'alarme
ҳушдор

l'assaut
ҳучум

l'attaque
ҳамла

le danger
хатар

la sortie de secours
баромадгоҳи таҳлиявӣ

Au feu!
Сӯхтор!

l'extincteur
оташнишон

l'accident
садама

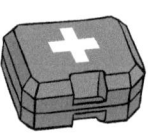

la trousse de premiers soins

дорукуттӣ

SOS
бонги хатар

la police
полис

la Terre
замин

l'Europe
Аврупо

l'Amérique du Nord
Америкаи Шимолӣ

l'Amérique du Sud
Америкаи Ҷанубӣ

l'Afrique
Африка

l'Asie
Осиё

l'Australie
Австралия

l'océan Atlantique
Уқёнуси Атлантик

l'océan Pacifique
Уқёнуси Ором

l'océan Indien
Уқёнуси Ҳинд

l'océan Antarctique
Уқёнуси Антарктика

l'océan Arctique
Уқёнуси Арктика

le Pôle Nord
Қутби шимол

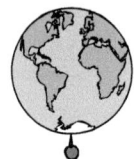
le Pôle Sud
Қутби ҷануб

l'Antarctique
Антарктика

la Terre
замин

la terre
замин

la mer
баҳр

l'île
ҷазира

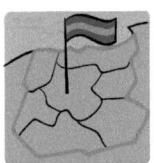
la nation
миллат

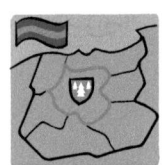
l'État
давлат

l'heure
вақт

le cadran
сиферблат

l'aiguille des heures
ақрабаки соат

l'aiguille des minutes
ақрабаки дақиқашумор

l'aiguille des secondes
ақрабаки сонияшумор

Quelle heure est-il ?
Соат чанд?

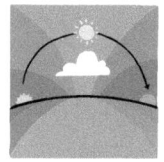
le jour
рӯз

le temps
замон

maintenant
ҳозир

la montre à affichage numérique
соати электронӣ

la minute
лаҳза

l'heure
соат

la semaine
ҳафта

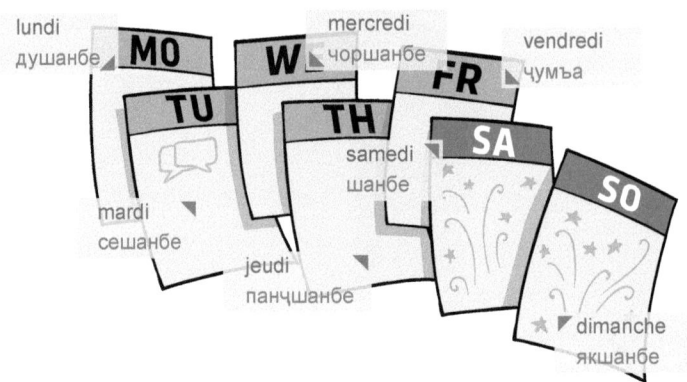

lundi / душанбе
mardi / сешанбе
mercredi / чоршанбе
jeudi / панҷшанбе
vendredi / ҷумъа
samedi / шанбе
dimanche / якшанбе

hier

дирӯз

aujourd'hui

имрӯз

demain

фардо

le matin

пагоҳирӯзӣ

le midi

нимрӯз

le soir

шом

les jours ouvrables

рӯзҳои корӣ

la fin de semaine

истироҳат

la semaine - ҳафта

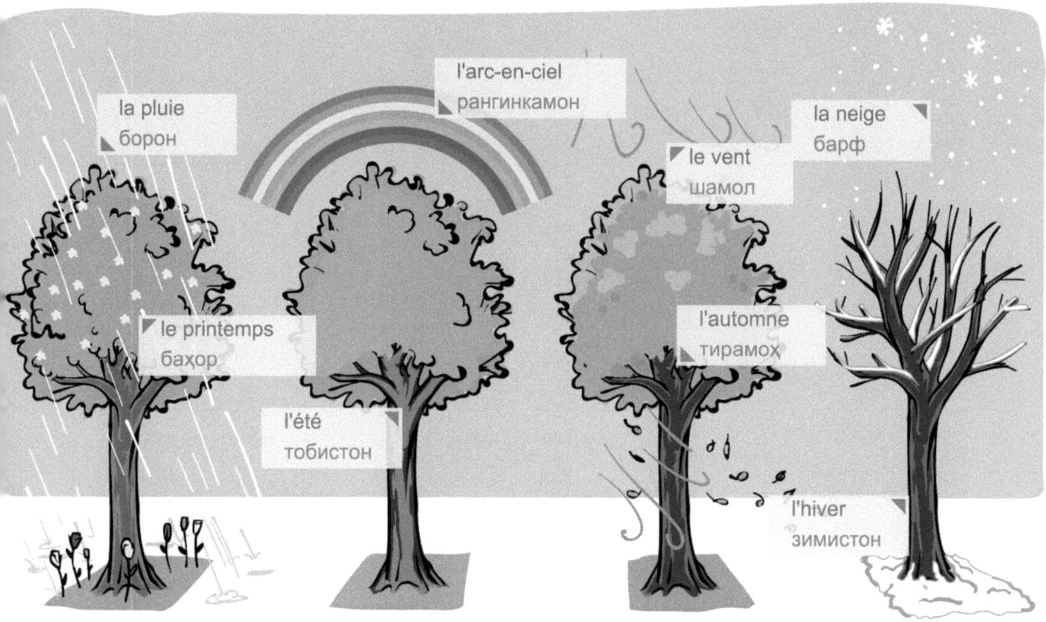

l'année
сол

la pluie
борон

l'arc-en-ciel
рангинкамон

la neige
барф

le vent
шамол

le printemps
баҳор

l'été
тобистон

l'automne
тирамоҳ

l'hiver
зимистон

les prévisions météorologiques

Обу ҳаво

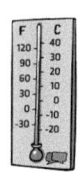

le thermomètre

ҳароратсанҷ

les rayons du soleil

равшании офтоб

le nuage

абр

le brouillard

туман

l'humidité

намнок

la foudre

барқ

le tonnerre

тундар

la tempête

тӯфон

la grêle

жола

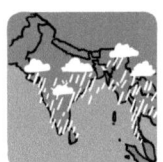

la mousson

муссон

l'inondation

обхезӣ

la glace

ях

janvier

январ

février

феврал

mars

март

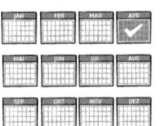

avril

апрел

mai

май

juin

июн

juillet

июл

août

август

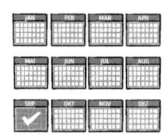

septembre

сентябр

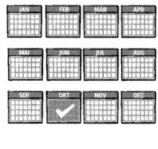

octobre

октябр

novembre

ноябр

décembre

декабр

les formes
баст

le cercle

давра

le carré

мураббаъ

le rectangle

росткунья

le triangle

секунья

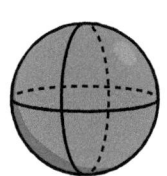

la sphère

соньаи

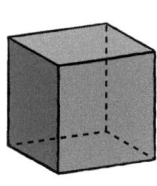

le cube

мукааб

les couleurs
рангҳо

blanc
гулобӣ

jaune
хокистаранг

orange
зард

rose
бунафшранг

rouge
сурх

violet
қаҳваранг

bleu
кабуд

vert
сиёҳ

marron
кабуд

gris
сафед

noir
сабз

les opposés
мухолифат

beaucoup / un peu

бисёр/кам

en colère / calme

хашмгин / ором

beau / laid

зебо/безеб

le début / la fin

оғози / охири

grand / petit

калон/хурд

lumineux / sombre

дурахшон / торик

le frère / la sœur

бародари / хоҳар

propre / sale

тоза/чиркин

complet / incomplet

пурра / нопурра

le jour / la nuit

рӯзи / шаб

mort / vivant

мурдагон / зинда

large / étroit

кушод/танг

comestible / non comestible

хӯрданӣ /
хӯрданашаванда

méchant / gentil

бад/нек

être enthousiaste /
s'ennuyer

ба ҳаяҷон / дилгир

gros / mince

ғавс/борик

le premier / le dernier

якум/охирин

l'ami / l'ennemi

Дӯсти / душмани

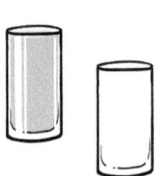

plein / vide

пур/холӣ

dur / mou

сахт/мулоим

lourd / léger

вазнин/сабук

faim / soif

гуруснагӣ / ташнагӣ

malade / en bonne santé

бемор/солим

illégal / légal

ғайриқонунӣ / ҳуқуқӣ

intelligent / stupide

соҳибақл / беақл

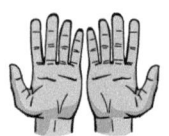

gauche / droite

рост/чап

proche / loin

наздик/дур

neuf / usagé

нави / истифода бурда мешавад

rien / quelque chose

ҳеҷ / чизе

vieux / jeune

пир/ҷавон

marche / arrêt

оид / хомӯш

ouvert / fermé

кушода/пӯшида

calme / bruyant

паст/баланд

riche / pauvre

бой/камбағал

correct / incorrect

дуруст/нодуруст

rugueux / lisse

дурушт/ҳамвор

triste / heureux

ғамгин/хушбахт

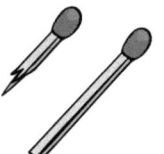

court / long

кӯтоҳ/дароз

lent / rapide

оҳиста/тез

mouillé / sec

тар/хушк

chaud / froid

гарм / сард

la guerre / la paix

ҷанг / сулҳ

les opposés - мухолифат

les nombres
ададхо

0 zéro — нол

1 un — як

2 deux — ду

3 trois — се

4 quatre — чор

5 cinq — панҷ

6 six — шаш

7 sept — ҳафт

8 huit — ҳашт

9 neuf — нӯҳ

10 dix — даҳ

11 onze — ёздаҳ

12
douze
дувоздаҳ

13
treize
сенздаҳ

14
quatorze
чордаҳ

15
quinze
понздаҳ

16
seize
шонздаҳ

17
dix-sept
ҳабдаҳ

18
dix-huit
ҳаждаҳ

19
dix-neuf
нуздаҳ

20
vingt
бист

100
cent
сад

1.000
mille
ҳазор

1.000.000
le million
миллион

les nombres - ададҳо

les langues
забонҳо

l'anglais

англисӣ

l'anglais américain

англисии амрикой

le chinois mandarin

мандарини хитой

le hindi

ҳиндӣ

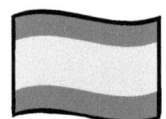

l'espagnol

испанӣ

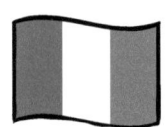

le français

фаронсавӣ

l'arabe

арабӣ

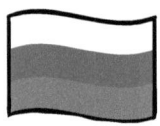

le russe

русӣ

le portugais

португалӣ

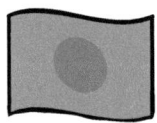

le bengali

бенгалӣ

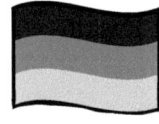

l'allemand

олмонӣ

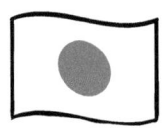

le japonais

ҷопонӣ

qui / quoi / comment
ки / чиро / тавр

je
ман

tu
шумо

il / elle / ce, c', cela
Ӯ / вай / он

nous
мо

vous
шумо

ils / elles
онхо

qui ?
ки?

quoi ?
чй?

comment ?
Чй хел?

où ?
дар кучо?

quand ?
кай?

le nom
ном

où
дар кучо

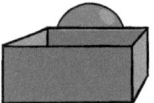

derrière

аз паси

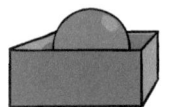

dans

дар

devant

дар пеши

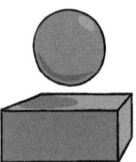

au-dessus

дар болои

sur

дар рӯи

en dessous

дар зери

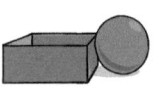

à côté de

дар назди

entre

миёни

l'endroit

ҷой